NOTICE

SUR

LES ÉCRITS ET LES TRAVAUX

D'ADRIEN FÉLINE

ANCIEN ÉLÈVE DE L'ÉCOLE POLYTECHNIQUE

PARIS
TYPOGRAPHIE GEORGES CHAMEROT
19, RUE DES SAINTS-PÈRES, 19
1879

NOTICE

SUR

LES ÉCRITS ET LES TRAVAUX

D'ADRIEN FÉLINE

ANCIEN ÉLÈVE DE L'ÉCOLE POLYTECHNIQUE

PARIS

TYPOGRAPHIE GEORGES CHAMEROT

19, RUE DES SAINTS-PÈRES, 19

—

1879

NOTICE

sur

LES ÉCRITS ET LES TRAVAUX

D'ADRIEN FÉLINE

ANCIEN ÉLÈVE DE L'ÉCOLE POLYTECHNIQUE

De temps à autre, quelque citoyen de grande valeur disparaît de la scène du monde, qui, pour être demeuré simple particulier, n'avoir fait partie d'aucune coterie politique ou littéraire, n'avoir occupé ni fonction publique, ni poste en vue dans la banque, le commerce ou l'industrie, reste oublié, parfois méconnu, peut-être même critiqué, tandis que ses graves études et ses courageuses idées de réformes devraient le signaler à l'attention des penseurs et des hommes d'État qui pourraient utiliser ses travaux.

Tel a été Adrien Féline.

N'est-ce point un devoir pour ses vieux amis, avant leur propre départ pour la patrie céleste, que de rendre hommage aux bons souvenirs qu'ils conservent de sa personne, de son esprit, de son caractère, de sa sociabilité? Le devoir n'est-il pas encore plus strict pour ceux qui ont pris, quoique de loin, une petite part à sa réforme de l'orthographe? Car, parmi les traits caractéristiques de cette existence si active et si féconde, la conception la plus originale fut sans doute celle de cette réforme, œuvre de science et d'utilité sociale, où il a mis, comme Ambroise Didot l'a franchement reconnu et hautement déclaré, *une part considérable de sa vie et de sa fortune.*

Avant de faire connaître le fruit de trente ans de méditations et d'essais sur un nouvel alphabet, Féline avait publié des travaux nombreux et importants, qui, disséminés dans le cours de sa vie, ne lui ont pas valu une célébrité qu'il était loin d'ailleurs de rechercher, mais qui, appréciés avec une sincérité impartiale, démontrent la portée peu commune de son esprit et attestent ses sentiments toujours vaillamment jaloux des intérêts généraux de la société ou de la patrie.

Dans un recueil de famille où se trouvent réunis la plupart de ses écrits imprimés, nous en trouvons d'abord un de sa jeunesse, en vingt-cinq pages, sous le titre suivant :

Quelques considérations sur le projet de recrutement, par un sous-lieutenant. Paris, de l'imprimerie de Renaudière, Marché-Neuf, n° 48, 1818.

Féline avait alors vingt-cinq ans (1). Il était officier de cavalerie et sa compétence était à la hauteur du sujet.

Élève de l'École polytechnique, il avait fait partie des promotions qui, en 1814, au siège de Paris, servaient une batterie en avant de la barrière du Trône, sur la chaussée de Vincennes. Elles furent un moment en danger pour s'être trop éloignées de l'enceinte de Paris, car elles furent tournées et prises à revers par des escadrons de la cavalerie ennemie. Féline, serré de très près, eut grand'peine à éviter les coups de lance. Heureusement la résistance des élèves

---

(1) Né le 6 mars 1793.

Nous sommes autorisé à croire, d'après une phrase d'un écrit postérieur sur la garde nationale (1831), qu'il avait publié en 1817 quelque lettre ou quelque mémoire sur la formation d'un corps de vétérans ; mais on n'a rien retrouvé.

permit à la garde nationale d'arriver avec un détachement de dragons et de les dégager.

Après les évènements, Féline renonçant à l'École polytechnique voulut entrer dans les gardes du corps. Fidèle au devoir, il fit partie de l'escorte du roi jusqu'à la frontière, et il revint aussitôt à Paris, d'où il fut exilé à Cherbourg pendant les Cent jours. Finalement, il entra dans la cavalerie, où, malgré les entraînements de la jeunesse et la vie de plaisirs que lui permettait une certaine fortune, il ne tarda point à se livrer à des études sérieuses. De là, cette première brochure de 1818 sur le recrutement, dont nous avons donné le titre et qui ne passa point inaperçue ; elle fut même attribuée à quelque général dissimulant les étoiles d'or de son grade sous les modestes épaulettes d'un simple sous-lieutenant. Cependant, il eut à subir un mois d'arrêts pour avoir publié ses *considérations* sans en avoir demandé l'autorisation au ministre de la guerre.

Disons quelques mots sur la situation de l'armée à l'époque où se produisit le projet de loi sur le recrutement que la brochure discutait.

Les Bourbons avaient promis à leur rentrée, en France, d'abolir la conscription. En effet, l'article 12 de la Charte la remplaçait par des enrôlements volontaires ; mais les avantages pécuniaires que l'on offrait n'attiraient pas assez de sujets pour remplir les cadres, où, par contre, les officiers abondaient. Aussi, depuis le licenciement des soldats de la Loire, la France n'avait pas d'armée. En créer une était le désir ardent du maréchal de Gouvion Saint-Cyr, ministre de la guerre. Une occasion précieuse lui étant fournie par la débilité du recrutement des engagés volontaires, il la saisit et présenta un projet de loi habilement combiné, où d'un côté, il respectait la promesse du roi en faisant reposer le principe du recrutement sur les engagements volontaires, tandis que, d'un autre côté, il faisait cette réserve : que, en cas d'insuffisance, on achèverait de remplir les cadres par des appels. Il rentrait indirectement ainsi dans le système de la conscription, conscription très mitigée, cependant, relativement à celle de l'Empire.

A ces deux principes de recrutement de l'armée, le maréchal ajoutait celui de la formation d'une réserve de vétérans où devaient entrer les militaires ayant déjà servi, et il inaugurait la fameuse règle de l'avancement des officiers; par l'*ancienneté* pour les *deux* tiers, et par le choix pour *un* tiers.

La discussion fut passionnée des deux côtés des assemblées, car, si, d'une part, le roi abandonnait, sur l'avancement, une partie de ses prérogatives, d'autre part, il ne laissait pas que de violer l'article 12 de la Charte par des appels de conscrits tirant au sort.

Cependant, le projet fut adopté.

Ce fut alors que Féline lança ses observations.

La loi relevait la France devant l'Europe en lui donnant une armée. Elle fut une satisfaction très vive pour la nation, et Féline la salua avec une joie sincère. Ceux qui l'ont connu savent à quel haut degré il portait le patriotisme. La brochure de 1818 en témoigne à chaque page.

Cet ardent amour de la patrie, et celui de la justice, dont il était, pour ainsi dire, possédé, s'unissaient en lui à une logique des plus serrées ainsi qu'à un rare esprit de prévoyance. Aussi arriva-t-il à pressentir dès cette époque une partie des modifications récentes dont l'armée a été l'objet. La loi lui paraissant insuffisante sous le rapport des ressources militaires en cas de guerre, il demandait que *tout Français* ayant atteint l'âge de vingt ans fût, pendant six ans, susceptible d'être incorporé dans l'armée active et que chaque année un tirage au sort, dans chaque canton, fixât par séries l'ordre suivant lequel chacun serait appelé. Ce n'est pas tout; il voulait que, en dehors de la garde nationale sédentaire, tous les jeunes gens de vingt à trente ans formassent une garde nationale mobile destinée, non à sortir des frontières, mais à défendre le territoire, et que chaque année ces jeunes gens fussent réunis pendant un certain nombre de jours pour être exercés aux manœuvres. Tout cela, quoique conçu en 1818, ressemble assez aux principes adoptés en ce temps-ci.

On voit que le jeune officier tranchait de l'homme d'État et s'élevait au-dessus de toutes les considérations de circonstance.

Après avoir émis ces vues d'une si haute et si longue portée, il discute le principe de l'avancement proposé par la loi. Ici le jeune sous-lieutenant reparaît.

Il critique vivement le principe de l'avancement à l'ancienneté; il y voit la destruction de toute émulation et l'envahissement des emplois supérieurs par de vieux officiers médiocres affaiblis sous le poids d'une longue carrière de fatigues et manquant de cette puissance impétueuse d'entraînement qui est la première qualité militaire des Français et leur donne presque toujours la victoire. — Pour le sous-lieutenant de vingt-cinq ans un colonel de quarante-cinq est vieillard, et Féline attaquait la loi sur ce point avec toute la fougue de sa jeunesse et le sentiment de sa propre valeur. Il voulait que tout avancement fût attribué au mérite militaire. Toutefois, ne pouvant méconnaître qu'il fallait un correctif à l'abus des faveurs, il était entraîné à proposer le retour au système appliqué dans les premières guerres de la Révolution, celui de remettre au choix du corps l'avancement des officiers. La proposition était plus que hardie pour l'époque; elle le serait même sous le régime de la République la plus démocratique.

Féline persista toujours dans cette opinion et la reproduisit en 1831, avec une formule d'exécution, lorsqu'il publia ses observations sur le projet de loi relatif à la garde nationale présenté par le gouvernement du roi Louis-Philippe. Cette formule serait utile à consulter si la question revenait à l'ordre du jour.

Nous ne nous arrêterons pas sur une brochure de polémique de 1827, intitulée :

Réflexions sur le projet de faire une fournée de pairs afin de changer la majorité de la Chambre.

Mais nous insisterons sur une *pétition* qu'il présenta, en 1829, *à la Chambre des députés,*

« *pour la prier de prendre en considération les évènements de l'Orient et la guerre par laquelle la Russie menace l'indépendance de l'Europe :* » tel est le titre.

On se rappelle que, à cette époque, l'empereur Nicolas avait envahi la Turquie et qu'il imposait au sultan des conditions sous lesquelles se dissimulait à peine la plus redoutable ambition.

Adrien Féline réclame alors hardiment, pour les nations civilisées, le *droit d'intervention* dans les querelles des souverains, afin de protéger les faibles contre les forts! afin de constituer la police européenne contre les États trop puissants qui tenteraient de rompre l'équilibre général! Il se hâte de dire, cependant, qu'il repousse toute intervention dans le règlement des affaires intérieures des pays protégés.

Les considérations historiques, géographiques, ethnographiques, économiques et politiques abondent dans cet écrit dont les neuf dixièmes auraient pu être publiés dans ces dernières années comme une brochure de circonstance.

Citons quelques propositions très remarquables pour l'époque et qu'il défend avec chaleur.

« En entrant dans le système représentatif, dit-il aux députés, il faut en voir toutes les conséquences. L'une des plus immédiates est l'obligation pour la Chambre des représentants de donner l'impulsion dans les grandes occasions. Si vous méconnaissiez cette nécessité, si vous négligiez cette prérogative, vous manqueriez également au peuple et au gouvernement qui ne peut plus faire de grandes choses qu'avec votre appui. »

N'est-ce pas la théorie qui prévaut actuellement sur l'initiative prépondérante de la Chambre des représentants?

L'autre principe politique dont il se fait l'ardent défenseur est celui-ci :

« Le ministère, soutenu par les représentants de la France, doit se déclarer, non pas seulement aujourd'hui, mais pour toujours, le protecteur des nations menacées par la Russie. »

N'est-ce pas aussi une opinion qui a eu et qui trouverait peut-être encore de nombreux partisans en France ; qui est inhérente à notre caractère national ; et qui, si elle avait été franchement proclamée à l'époque où notre prestige militaire était intact, eût probablement sauvegardé la paix et nous eût assuré des alliés?

Féline termine sa brochure par ces mots pleins de sève patriotique :

« Le ministère attachera nos armes sur les poteaux qui marquent les frontières des nations menacées, et la lance du Cosaque ne pourra les dépasser sans faire résonner le noble écu de France et nous appeler au combat! »

Dans cette même année 1829, Féline dut corroborer les principes de cette *pétition aux députés* en publiant une vigoureuse réponse aux mémoires du général baron de

Richemont sur la politique de l'Europe et sur les intérêts de la France.

Ce général, membre de la Chambre des députés, avait été chargé de faire le rapport sur la pétition que nous venons de commenter. Il en avait pris texte pour développer une politique tout opposée à celle de Féline. Celui-ci était partisan de l'alliance anglaise, de la paix et du progrès de la France par le travail; l'autre préconisait l'alliance russe, la guerre et l'agrandissement de la nation par les conquêtes.

Il ne se pouvait rien voir de plus différent.

Le général était âgé; il avait vécu sous les passions d'une autre époque; il n'avait rien oublié du passé; ses mémoires respiraient une haine implacable contre l'Angleterre et l'Autriche et, en outre, le désir avoué de s'unir aux projets d'agrandissements de la Russie pour partager avec elle le gâteau dont d'autres puissances supporteraient les frais.

Féline, au contraire, après les évènements de 1814, avait remplacé, dans son esprit, les idées de gloire militaire par les idées de liberté civile et politique. Il avait repoussé la passion des conquêtes qui l'avait séduit comme tous les adolescents de l'Empire, et il s'était abandonné aux nobles ambitions de paix et de civilisation européenne qui s'emparèrent, à l'époque de la Restauration, de toutes les âmes généreuses. La sécurité garantie au pays lui paraissait cent fois préférable à un agrandissement conquis par la force au prix des larmes des mères et du sang de leurs fils; en un mot, comme il le disait : « Il était forcé d'oublier le Passé dans l'intérêt de l'Avenir, et la Liberté le consolait de la Gloire. »

Cette nouvelle brochure de Féline (1), de même que la précédente, pourrait être changée de date et reparaître au-

---

(1) *Réponse aux mémoires du général baron de Richemont sur la politique de l'Europe et les intérêts de la France.* 22 pages. Paris, chez Delaunay, libraire au Palais-Royal. Septembre 1829.

jourd'hui à nouveau. Elle contient beaucoup de passages remarquables. Citons-en quelques-uns :

« Il faut, écrit-il page 7, refaire notre éducation faussée par les idées prises dans les écoles où l'on ne présente à notre admiration d'autre gloire que celle d'Alexandre ou de César, d'autre liberté que celle d'Athènes et de Rome. Est-il étonnant que des hommes ainsi élevés se soient trouvés, à la Révolution, démagogues et conquérants?...

« Ce n'est ni par le sang ni par le carnage que l'on peut acquérir un droit de propriété immuable, c'est par le travail et la sueur. »

Pourrait-on mieux dire aujourd'hui avec plus de concision et de vigueur, que ne disait Féline à une époque où régnaient encore dans la masse du peuple les enivrements de la gloire militaire?

Citons encore ; car nous ne pouvons résister au désir de transcrire ici une page qui résume la brochure et peut donner à la fois un aperçu des sentiments de Féline et une idée de son style parfois incorrect, mais toujours franc et lucide, incisif souvent et plein d'énergie. Il parle du baron de Richemont, son adversaire, qu'il reconnaît comme un homme de cœur et dont quelques opinions se trouvent conformes aux siennes.

« Ainsi, dit Féline, le général de Richemont ne se dissimule pas l'ambition de la Russie, ni ses moyens de succès; il ne compte pas sur une modération volontaire. Il connait les Grecs et ne pense pas que l'on puisse en tirer parti pour la balance de l'Europe, ni rien faire pour eux qui ne tourne au profit des Russes et à notre détriment. Il pense qu'on ne peut improviser une nation pour remplacer la Turquie. Il appelle de tous ses vœux, pour la France, l'organisation d'une réserve nationale prête à tous évènements.

« D'accord sur les faits et sur les moyens, nous différons sur le but. Que l'on juge donc les deux systèmes : *lequel est le plus conforme à notre état social et aux idées nouvellement adoptées.* — Il veut des conquêtes et je ne demande que des institutions. — Il veut remettre en question l'existence de toute l'Europe; et moi, acceptant le passé, je veux maintenir le *statu quo.* — Il veut employer les forces de la France à spolier des nations étrangères, et moi à les défendre. — Il attend nos agrandissements de la générosité de la Russie et de la dépendance où elle tient la Prusse, l'Allemagne et les Pays-Bas; et je veux affranchir tous les États de la servitude. — Il réveille toutes les vieilles haines, toutes les anciennes injures, et méconnaît les changements que les évènements et les institutions ont apportés dans notre politique; il voudrait tenir toujours l'armée sur le pied de guerre, afin de guetter les occasions d'envahir quelques provinces; et moi, je ne veux combattre que pour la paix, que pour la reconnaissance d'un *droit des gens européen,* qui, rendant la conquête impossible et la défense facile, *permette à toutes les nations de diminuer leurs nombreuses et ruineuses armées.* — Il regarde le commerce et l'industrie comme secondaires et propose l'armée comme un moyen d'acquérir; moi je ne veux de l'armée que pour conserver et n'attends de production que de l'industrie!

« Lequel est donc préférable, de l'ancien système, enfant de la barbarie et de la féodalité, ou du nouveau qui est la conséquence irrésistible de toutes les idées de liberté, de justice et de morale? Lequel procurerait le plus de force à à la France, de celui qui lui soumettrait quelques millions d'hommes, ou de celui qui, arrêtant l'agrandissement des autres puissances, lui donnerait tous les peuples pour alliés? Lequel lui attirerait plus de considération et d'influence? Lequel est le plus propre à assurer le bonheur des peuples seul but de toute politique? »

Quelles bonnes paroles aussi honnêtes qu'énergiques ! Et plus loin :

« Il viendra un moment où le souverain qui s'emparera d'une province, et le fonctionnaire qui privera un citoyen du droit qui lui appartient, seront aussi méprisés et détestés que le misérable qui vole une bourse ! »

L'homme qui écrivait ces phrases vigoureuses ne pouvait accepter, l'année suivante, les fameuses ordonnances du roi Charles X. Aussi Féline prit-il aux journées de Juillet 1830 une part dont les souvenirs de famille et les nôtres ne nous permettent pas de préciser les détails ; mais on sait qu'il y fit preuve d'un grand courage civil dans les réunions formées spontanément aux premières heures de la crise, qu'il se signala par ses appels à la résistance, et qu'il justifia la véhémence de ses paroles par l'audace de ses actes durant la lutte armée. Il reçut la croix de Juillet et reprit alors du service dans l'armée qu'il avait quittée en 1820. Choisi comme aide-de-camp par plusieurs généraux et finalement par le maréchal Gérard, il assista au siège d'Anvers, d'où il revint à Paris chargé d'une mission secrète pour le ministre de la guerre. Il gagna dans cette campagne militaire la bienveillance et l'estime du jeune duc d'Orléans qui conserva toujours avec lui d'affectueux rapports. — Jaloux de son indépendance, Féline donna une seconde fois sa démission en 1833 et rentra dans la vie civile pour s'y consacrer entièrement à des études favorites.

―――

Nous ne pourrions suivre Féline dans la série des diverses brochures administratives et politiques publiées par lui sous le règne de Louis-Philippe, sans entrer dans le détail de l'histoire du temps et sans nous livrer à un long examen des opinions qui régnaient à cette époque. Il faudrait faire revivre la polémique des journaux et les discussions des Chambres. Ce serait un gros volume d'histoire à écrire. Nous nous bornerons donc à reproduire avec exactitude les titres des brochures que nous connaissons. Ils suffisent à démontrer l'étendue et la variété des connaissances de Féline, ses études continuelles sur les divers sujets d'intérêt général, et le devoir qu'il s'était imposé de ne laisser échapper aucune occasion d'émettre des idées utiles, désintéressées de toute ambition personnelle.

Voici cette liste de titres :

OBSERVATIONS *sur le projet de loi sur la garde nationale.* 16 pages, sans date ni nom de librairie. Elle a dû paraître en 1831. La loi fut votée le 22 mars de cette année.

DE LA PAIRIE. Aux électeurs de 1831. (19 pages, imprimerie Dupont et Laguionie.)

DES REMONTES, 7 pages. DE L'ADMINISTRATION DES HARAS, 7 p. (Extraits du *Spectateur militaire*, livr. de novembre 1832.)

SITUATION ACTUELLE *des départements de l'Ouest. Examen critique du système suivi par le ministère, et propositions de mesures nouvelles destinées à y rétablir l'ordre.* (52 pages. Paris, Paulin, 1833.)

DE L'ACTION *de la caisse d'amortissement appliquée aux crédits extraordinaires.* (7 pages, impr. de Dupont et Laguionie.)

MÉMOIRE *sur les encouragements à accorder aux entreprises de chemin de fer.* (37 pages, Paris, Levrault, 1837.)

RÉFORME ÉLECTORALE, deux lettres à M. le rédacteur de la *Revue de l'Oise.* (7 pages chacune, Senlis, décembre 1839.)

A MM. les électeurs de l'arrondissement de Senlis. Brochure publiée quelques années après celle de la *Réforme élec-*

torale, à l'occasion de la réélection du député sortant, contre laquelle il se prononce.

OBSERVATIONS *sur les fortifications de Paris.* (16 pages, impr. de Guiraudet et Jouaust, vers 1840, Paris.)

LA FRANCE ET L'ANGLETERRE. (16 pages, Guiraudet et Jouaust, Décembre 1840.)

LE MINISTÈRE *devenu communiste sur la question des voies de communication.* (16 pages, Paris, Mathias, 1842.)

DE L'ALGÉRIE *et des moyens d'assurer son avenir.* (81 pages, Paris, Leneveu, 1842.)

DE L'INFÉRIORITÉ PRÉTENDUE *de la France vis-à-vis de l'Angleterre, en cas de guerre maritime.* (12 pages. Extrait de la *Revue indépendante,* livraison 10 septembre 1844, Paris.)

MADAGASCAR (4 pages, Extrait de la *Revue indépendante,* 10 décembre 1845, Paris.)

ESSAI SUR LA POLITIQUE EUROPÉENNE (15 pages, Extrait de la *Revue indépendante* du 10 décembre 1846, Paris.)

DE L'ORGANISATION DE L'ARMÉE *en Algérie.* (19 pages in-4°, Paris, 1846.)

Nous ferons ici une pause avant de reprendre la suite des brochures parce que nous arrivons à un pamphlet qui fut très remarqué.

Les évènements de 1848 avaient éclaté. La France s'était déclarée républicaine. Elle ne tarda pas à être envahie par une crise financière dont toutes les fortunes se ressentirent et dans laquelle beaucoup sombrèrent. Un soi-disant socialisme, pétri de jalousie, de haine et d'envie, visant à la liquidation sociale au profit du parti des partageux, surgit des bas-fonds de la société et se fit jour à la surface. Bien qu'il n'eût, à ce moment, ni étendue ni profondeur, il fallut compter avec lui, du moins en paroles, pour acquérir ou conserver une certaine popularité de mauvais aloi. Ledru-Rollin, qui avait hérité d'une grande fortune du côté de ses parents et reçu aussi de grands biens du côté de sa femme, eut la faiblesse, dans un banquet, de qualifier le capital d'*infâme*.

Féline, qui avait prêté au tribun une somme importante, releva vertement l'injure dans un pamphlet spirituel et mordant de huit pages, imprimé à Lagny chez Giroux et Vialat, qu'il intitula :

LETTRE DE M. CAPITAL A M. LEDRU-ROLLIN.

Avant d'aller plus loin, il convient de pénétrer un peu dans la vie privée d'Adrien Féline, et de faire connaître comment il avait augmenté le capital de sa fortune patrimoniale par ses efforts et par son travail dans une opération aussi intelligente que bien conduite.

Son grand-père, Jean Féline, descendait d'une famille appartenant au culte réformé et qui avait dû quitter la France au moment de la révocation de l'Édit de Nantes. Il faisait le commerce d'une spécialité de soieries aux environs d'Alais. Ayant remarqué, en Hollande, dans une famille de réfugiés, sortis de la Rochelle à la suite de persécutions religieuses, une demoiselle d'origine française comme lui, il l'épousa et la ramena en France. Bientôt, il s'établit à Paris, et y fonda une maison de banque qui réussit et lui valut une fortune assez considérable dont il fit un digne usage. Il eut plusieurs enfants. L'aîné, Louis Féline, marié en 1789, à Paris, dans une famille de protestants français, eut aussi plusieurs enfants, entre autres, notre Adrien Féline et son frère cadet, Philippe. Ces deux frères, vrais modèles d'union et d'amitié, vécurent longtemps d'une vie commune. Philippe épousa, sur le tard, en 1847, une jeune parente dont il avait apprécié les bonnes et douces qualités et qui le rendit, après une attente de quelques années, père d'une charmante fille remarquablement douée des grâces physiques et des qualités morales les plus précieuses. Hélas! le bonheur qu'elle put donner à ses parents fut de courte durée! Dieu la retira de ce monde lorsqu'elle n'avait encore que neuf ans!

Adrien ne s'est point marié.

Nous avons cultivé personnellement la connaissance des deux frères pendant les dix dernières années qu'ils passèrent ensemble, et nous avons eu souvent à remarquer la curieuse répartition de qualités qui les rendait en quelque sorte complémentaires l'un de l'autre.

L'aîné était raisonneur à outrance, logicien jusqu'aux conséquences extrêmes, presque paradoxal parfois, ardent, passionné, ne craignant pas de s'engrener dans des affaires difficiles en dehors des sentiers battus pourvu qu'il entrevît des solutions et qu'il sentît en lui la force nécessaire pour les mener à bonne fin. Il ne redoutait aucune lutte.

Le cadet était patient, posé, craintif des difficultés à venir. Il appliquait ses forces à suivre seulement, mais à bien suivre, sans écarts, les routes larges et très frayées. Il avait à cœur de conserver son patrimoine et de l'augmenter par une sage économie plutôt que de lui faire courir des risques de perte en le livrant à des chances de gain.

Passion et réserve qualifieraient assez exactement ces deux types, progressifs tous les deux, mais dont l'un, aujourd'hui, serait mieux placé à l'Assemblée nationale et l'autre au Sénat.

Il suffit de réfléchir un peu pour se rendre compte de l'influence bienfaisante que le caractère doux et sensé de Philippe exerça sur l'ardeur et la fougue d'Adrien. « Faites-vous un ami prompt à vous censurer, » a dit le législateur français du Parnasse. Ce conseil est applicable dans toutes les conditions de la vie aussi bien que dans la carrière littéraire. Et quel ami plus précieux qu'un frère, quand ce frère est aussi un ami? Philippe était doué à un haut degré des vertus sociales et religieuses. C'était un membre modeste et dévoué de l'Église réformée de Paris, où il fut successivement diacre des paroisses de l'Oratoire et du Saint-Esprit. Il fut aussi l'un des fondateurs d'un asile pour les vieillards et membre pendant quarante-cinq ans du comité de l'école Pecquay. Il est mort à sa maison de campagne de l'Ermitage de Sannois, âgé de soixante-dix-huit ans, le 22 juin 1876.

Ce fut en dehors de son frère, dont il écouta cependant avec profit, dans le cours de l'exécution les conseils sages et désintéressés, qu'Adrien fit l'opération industrielle et financière d'où sortit sa grande fortune.

L'éclairage au gaz se répandait de plus en plus. Les gens avisés prévoyaient qu'il pénétrerait encore davantage dans les habitudes civiles et municipales et qu'il prendrait une extension presque illimitée; une usine s'était établie à Belleville et, pour plusieurs motifs, n'avait pas réussi. Sa position précaire était fortement menacée, lorsque Adrien Féline, jugeant qu'on pouvait remédier aux causes d'insuccès, conçut le projet de la régénérer et d'y placer un de ses anciens camarades d'École polytechnique qui s'était spécialement consacré à ce genre d'industrie. Il parvint à son but en reconstruisant un fonds social à l'aide des capitaux qu'il possédait et des capitaux de ses amis.

Et comme il prévoyait que le développement de la consommation du gaz exigerait de temps à autre un accroissement du fonds social, il stipula que les actions primitives auraient droit, dans une certaine proportion, de prendre au pair les nouvelles actions ou obligations à émettre. Tout se passa comme il l'avait prévu, et nous avons entendu dire dans le temps que, à chacune des émissions successives, il ne manqua jamais de souscrire à la part qui lui était attribuée par cette clause, vivant, pour ce but, avec une économie remarquable, et ne craignant pas, tant il avait de confiance dans l'affaire, d'emprunter pour acquérir de nouveaux titres productifs de beaux dividendes. Son frère, légataire de sa fortune, ne manqua jamais non plus, aux nouvelles émissions, de retenir les titres auxquels il avait droit pour en faire profiter ses parents et amis.

Bientôt Adrien Féline se trouva possesseur d'un capital considérable, dû à son intelligence, à sa hardiesse, à ses soins, et l'on juge de son mécontentement lorsque le mot *d'infâme capital* lui arriva aux oreilles prononcé par un débiteur, qui avait usé et abusé du capital de ses parents, du capital de sa femme et du capital de ses créanciers.

De là cette lettre de *M. Capital à M. Ledru-Rollin*, dans laquelle, il ne ménage, sans sortir toutefois des convenances, ni les ironies, ni les sarcasmes, ni les arguments *ad hominem*, aux dépens de cet avocat, de ce défenseur attitré du code et de la propriété qui honnit le capital dont il a reçu tant et de si grands bienfaits.

« J'étais l'ami de votre famille, dit M. Capital à Ledru-Rollin. Monsieur votre père avait pour moi une affection très vive et cette affection était surtout fondée sur son amour pour vous. Je devais être votre protecteur. Aussi me choyait-il sous toutes les formes : maisons, campagnes, contrats, il chérissait tout cela. Mais, en vrai et bon bourgeois, il voulut d'abord vous doter du capital instruction. Il savait qu'une bonne profession est un capital productif et il voulut vous la donner. Grâce à votre intelligence et à son argent, vous devîntes habile parleur... ce fut de l'argent bien placé... retranchez de votre intellect tout ce que vous devez à cet argent, supposez que votre père vous ait fait manier la pioche ou le marteau, vous seriez un simple et obscur citoyen dans cette république où vous êtes dictateur. Vous ne pouvez donc renier ce capital qui est en vous, car vous vous êtes identifié à lui. Votre belle taille, capital; votre embonpoint, capital; votre teint fleuri, capital. Tout comme votre savoir et votre éloquence, ce sont des capitaux, parce qu'ils ont été créés par les sueurs, le travail, l'économie de vos parents. Supposez-vous fils de père et de mère paresseux, débauchés, imprévoyants et insouciants; mal nourri, mal soigné! Au lieu de grand et beau comme vous êtes, vous seriez petit, maigre, jaune et ignorant. Alors on n'aurait pas donné un million de dot pour vos beaux yeux; alors vous n'eussiez pas inspiré une confiance de huit cent mille francs à vos créanciers; alors vous ne trouveriez pas une place de 25 francs par jour; vingt-cinq francs que nous payons, nous autres capitaux, même les jours où vous parlez. Vous le voyez donc bien, Monsieur, vous êtes un gros capital, un capital vivant, un capital roulant, un capital parlant et agissant. Est-ce donc celui-là que vous traitez d'*infâme?* »

En finissant, Féline donne un air paterne à M. Capital qui adjure plaisamment sa victime.

« Ledru, oh! mon enfant! pardonne cette familiarité au vieil ami de ta famille, au vieux Capital qui t'a élevé sur ses genoux. Ledru, mais tu es bourgeois, mon ami; tu n'es ni ouvrier, ni duc; bourgeois et très bourgeois. C'est en vain que tu voudrais t'encanailler, comme tu dis; je te connais, tu aspires plus à monter qu'à descendre. Tu veux renouveler Catilina, je le vois bien; tu empruntes au héros romain ses dettes, son éloquence et ses bottes d'allumettes; mais regarde-toi donc, mon enfant, tu es trop bien nourri; tu n'as pas, je t'assure, le physique de l'emploi. Tes manières, ton langage, ton mobilier de quatre-vingt mille francs, tout cela dénote l'aristo. Tes huit cent mille francs de dettes surtout; huit cent mille francs de dettes! mais tu es aristo comme un duc! un Montmorency ne ferait pas mieux.... »

Nous supprimons les dernières lignes où Féline devient plus vif. Après tout, Ledru-Rollin avait été plutôt léger que malintentionné La fin de sa vie a porté des modifications sensibles à la fougue qui s'était produite aux moments d'ivresse tribunitienne.

La première brochure politique dont nous ayons connaissance après cette philippique doit être de 1850. C'est une lettre aux membres de l'Assemblée législative, in-4° de 20 pages autographiées, proposant des MODIFICATIONS *à la loi du recrutement*.

Un projet de loi à ce sujet fut, en effet, présenté par le général d'Hautpoul, ministre de la guerre en 1850.

« Soyez certains, messieurs, dit Féline en commençant, que, en proposant des modifications, je serai soigneux de conserver ce qui fait la force et la bonté de l'armée. Mais l'on ne conserve qu'à la condition de corriger toutes les imperfections; *on n'est pas conservateur si l'on est immobile.* »

Cette déclaration de principes peint l'homme au vif. Il a toujours été conservateur et toujours progressif.

Dans cette nouvelle brochure sur le recrutement, Féline revenait au premier sujet qu'il avait étudié avec amour au temps de sa jeunesse; il l'enrichit de nouveaux développements pleins d'intérêt. Non n'en relèverons qu'un petit nombre.

Il repoussait d'abord toute idée de charger l'État des remplacements militaires. On se rappelle que l'essai fait postérieurement dans ce sens par l'intervention de l'État n'a pas été heureux. La raison morale opposée par Féline était que, si l'État se chargeait du remplacement, on semblerait admettre qu'il accepte l'argent au lieu de l'homme, tandis que l'État ne doit accepter et n'accepte en fait que l'échange d'homme à homme, conservant intact le principe que tout citoyen se doit à sa patrie. Féline voulait qu'aucun conscrit sans exception ne pût se faire remplacer sans avoir passé un examen sérieux démontrant qu'il savait bien l'école du soldat. On voit aisément les conséquences fécondes de cette obligation. Il demandait que, sur le prix du remplacement, une somme de 2,000 fr. fût prélevée et versée dans les caisses de l'État afin de créer une pension pour le remplaçant après sa libération du service militaire. Il montrait aisément comment avec cette disposition de la loi on pouvait assurer à l'armée une masse de vétérans choisis et de bons sous-officiers qui manquent aux régiments. Féline sabrait rudement les trop nombreuses exemptions de service maintenues par le projet de loi, il les bornait aux soutiens de famille reconnus indispensables et aux marins immatriculés. Il supprimait tous les droits civils aux réfractaires qui ne pourraient plus faire un acte valable quelconque, leur signature étant nulle : moyen énergique de les soumettre. Quant au vote attribué à l'armée, il démontrait que, d'une part, ce droit de vote était illusoire pour le soldat et, d'autre part, incompatible avec la discipline; en même temps, il mettait en évidence l'injustice flagrante de refuser aux soldats, défendant la patrie au péril de leur vie, les droits qu'on accordait aux jeunes hommes du même âge exempts du service militaire. Féline, après avoir posé ces prémisses, partait de ce que les droits du citoyen se trouvaient ainsi répartis en raison inverse des charges, pour en tirer une conséquence inattendue, — laquelle serait sans doute du goût de bien des gens à ce jour : — c'est que, pour être juste, il fallait que le droit de vote, refusé aux soldats, fût éloigné et reporté à l'âge où la libération du service militaire était acquise à tous les conscrits de France : ainsi, personne n'eût eu le droit de voter avant d'avoir atteint l'âge de vingt-huit ans. Féline donne à ces idées un développement propre à convaincre de eur valeur, et nous regrettons d'être obligé d'écourter ce résumé déjà très incomplet de ces combinaisons aussi ingénieuses que profondes.

En 1851, Adrien Féline fit paraître l'écrit suivant :

Pétition a monsieur le Président de la République et aux représentants demandant l'appel au peuple pour l'abrogation des articles 45 et 111 de la Constitution. (13 pages, Paris, Garnier frères, 1851.)

Les articles visés dans ce titre interdisaient de renouveler le mandat du président de la République.

Féline pensait que, si le peuple français, proclamé par l'article 1er de la Constitution *souverain imprescriptible et inviolable,* pouvait, en effet, faire acte de souveraineté absolue malgré l'interdiction de la Constitution, la majorité des électeurs renommerait Louis-Napoléon pour président de la République. Beaucoup de gens ont pensé depuis, comme Adrien Féline, que sans les articles 45 et 111 le coup d'État ne se fût probablement pas produit.

En 1854, Féline publia deux brochures sur le sujet qu'il avait étudié avec prédilection aux derniers jours de la Restauration : *l'Orient et la Russie.*

Ce fut à l'occasion de la guerre entre la Russie et la Turquie, lorsque la résolution fut prise par la France et l'Angleterre de défendre l'empire ottoman, que la première brochure parut sous le titre suivant :

Guerre d'Orient. *De la coopération nécessaire des puissances neutres* (25 pages, Paris, Charpentier, 1854).

« La guerre actuelle, dit-il, est la plus sainte des croisades, et lorsque nous allons combattre pour le salut de tous, nous avons le droit de marquer d'infamie la porte de celui qui reste dans sa maison. »

Cette phrase passionnée témoigne de l'ardeur encore juvénile de Féline qui, cependant, touchait aux jours de la vieillesse.

Après avoir représenté à chacune des nations secondaires de l'Europe, nominativement, leurs propres intérêts qui les incitent à s'unir à la France et à l'Angleterre pour combattre l'ambitieuse Russie, il revient à une idée qui avait été l'un des rêves les plus caressés de sa jeunesse.

Il croit le moment favorable pour demander le rétablissement de la Pologne, en bornant toutefois ce royaume restauré au duché de Varsovie, un peu agrandi aux dépens de la Russie. Il conserve à la Prusse et à l'Autriche leurs provinces anciennement polonaises. Il suppose celles-ci complètement assimilées; on peut supposer aussi que c'était une concession pour neutraliser ces deux puissances.

Cette pensée de reconstitution de la Pologne captive tellement Féline que, peu de mois après, il mettait au jour la seconde brochure sous le titre :

LETTRE à *S. M. l'Empereur d'Autriche sur le rétablissement de la Pologne* (32 pages; Paris, Firmin-Didot, 1854).

Cette lettre, dans laquelle Féline résume ses anciennes idées de 1829 et en développe les conséquences, est des plus curieuses par l'originalité des propositions et par la manière dont il y parle de sa propre personne.

« Sire, si je publie des réflexions ayant pour objet de vous convaincre, c'est que la publicité est la seule chance offerte à un inconnu pour arriver à l'oreille d'un souverain ou de quelqu'un de ses conseillers.

« Je dois dire qui je suis... Comme particulier, je ne suis rien; c'est dire que je suis parfaitement indépendant, ce qui est pourtant quelque chose. Comme publiciste, quoique peu connu, je suis un des vétérans de la cause pour laquelle nous combattons aujourd'hui. Je suis l'un des premiers qui aient sonné le tocsin contre la Russie. On objectera sans doute à Votre Majesté que je suis Français ; oui, sire, je le suis et avant tout. Je serais bien fâché que l'on pût soupçonner mon patriotisme. Mais chacun aime son pays à sa manière, et, pour moi, je ne veux pas d'une France envahissante ni dominatrice. Partisan de l'antagonisme pacifique des nations, je ne voudrais pas, même pour mon pays, la domination universelle. Je crois qu'elle ferait rétrograder l'humanité, et qu'elle causerait le malheur des Français. Ce que j'ai rêvé comme idéal pour l'Europe, c'est une amphictyonie composée de divers États maintenant entre eux l'équilibre avec un soin jaloux. »

Cette lettre à l'empereur d'Autriche est capitale dans cette portion de l'œuvre de Féline qui constitue l'ensemble de ses combinaisons de politique européenne. Il y rappelle d'abord toutes ses idées, ses appréciations, ses propositions depuis 1829 sur les rôles respectifs que doivent jouer la France, l'Angleterre, l'Autriche et la Prusse pour consolider la paix et l'équilibre de l'Europe. Il fait voir comment la plupart de ses premières prévisions sont justifiées par les faits et par les idées qui se sont produits depuis dans le monde occidental.

Il s'occupe ensuite de recomposer une Pologne, comme nous l'avons déjà dit, mais, en y joignant cette fois la province polonaise autrichienne dont il prouve à l'empereur d'Autriche que le sacrifice est nécessaire et pour laquelle il lui offre en compensation avantageuse la province moldo-valaque. Il expose comment on doit réduire en Occident et dans le Sud la puissance de la Russie et il cherche à tenter l'Autriche en lui prouvant que, si elle accède à ses propositions, elle maintiendra et accroîtra sa prépondérance en Allemagne.

A cette époque où beaucoup de remaniements européens eussent été possibles à la France, à l'Angleterre et à l'Autriche réunies, il est indubitable que, si les combinaisons d'Adrien Féline eussent été acceptées, nous n'eussions vu ni les évènements de 1866 en Allemagne et encore moins ceux de 1870-71 en France.

L'année 1859 vit éclore une autre brochure intitulée :

DU CONGRÈS ET DES CONFÉDÉRATIONS *italienne et germanique* (16 pages, juillet 1859, Paris, Ledoyen, libraire, galerie d'Orléans, 31).

On était alors dans un moment de trouble politique européen, après la paix de Villafranca, et Féline ne peut se tenir de dire son mot. Il envisage avec un grand sens tous les inconvénients qui résultent de la Confédération germanique mal organisée en 1815, et il démontre avec force l'impossibilité de créer une souveraineté italienne en maintenant plusieurs souverains. Il prévoit avec sagacité que les petits États d'Allemagne et d'Italie seront supprimés, que les Italiens devront, pour leur salut, former un royaume aussi grand que possible, que l'Autriche devra abandonner la Vénétie et même le Tyrol italien à l'Italie, et il voudrait que la première puissance reçût en échange la république moldo-valaque, non viable telle qu'elle était constituée alors, sauf à payer une indemnité pécuniaire au sultan. Il ajoute que l'exercice du pouvoir temporel du Pape est un contre-sens qui ne peut durer, et il reproduit avec plus de conviction que jamais son projet formulé trente ans auparavant, en 1829, de la formation d'une amphictyonie européenne basée sur ce double principe : *Non-intervention, quoi qu'il arrive, dans les débats purement intérieurs des États, et intervention dans tout débat international.*

En 1860, Féline dont l'esprit était toujours tendu vers les

progrès et la bourse toujours ouverte pour les œuvres qu'il jugeait utiles devint l'un des fondateurs d'une revue bimensuelle intitulée : Presse scientifique des Deux Mondes, publiée sous la direction de Jacques Barral et organe d'un cercle de savants appartenant à toutes les branches des sciences. Il y écrivit plusieurs articles empreints à la fois des tendances économiques, philosophiques et sociales qui lui étaient propres et du cachet scientifique du recueil. Tels sont en 1860 et 1861 les articles dont voici la liste :

Une nouvelle méthode d'enseignement primaire;

Sur les poneys;

Essai de philosophie et de morale rationnelles, en quatre parties dont chacune a paru dans une livraison, travail considérable dont le titre annonce la haute portée, mais qui n'est pas terminé.

De l'harmonie;

Chemins de fer éoliques de M. Andraud;

Wagons à deux roues pour les exploitations des mines et carrières dans les pays de montagnes.

Plusieurs de ces articles ont été tirés à part. Féline a souvent présidé les séances périodiques du cercle scientifique, et s'est toujours fait remarquer par l'originalité, la hardiesse de ses observations.

Il avait aussi donné quelques articles dans le Bulletin du cercle de la presse scientifique antérieur à la publication de la revue bimensuelle dont nous venons de parler.

En 1858, 1er novembre, notamment il avait donné une note sur un nouveau mode imaginé par lui pour la construction des cheminées.

Nous ne nous arrêterons pas plus longtemps sur ces écrits politiques, scientifiques ou philosophiques, bien que l'*Essai sur la morale et la politique rationnelles*, où il y a des pages magnifiques et de beaux mouvements d'éloquence, demandât une étude spéciale que nous ferons peut-être plus tard, mais qui serait par sa longueur et par son caractère hors des proportions de la présente notice. Nous avons hâte d'ailleurs d'arriver à l'œuvre principale d'Adrien Féline, à celle qui lui assure un nom et une place distinguée dans l'histoire de la langue française parmi les réformateurs de l'alphabet et de l'orthographe.

Dès sa première jeunesse, Adrien Féline se trouva choqué de l'imperfection de notre alphabet. En 1818, pour y introduire une réforme, il avait déjà mis en ordre les idées qu'il avait conçues et méditées à ce sujet depuis quelques années. Il refit ce premier travail à plusieurs reprises, plus de dix fois, dit-il; et il remania vingt fois au moins, confesse-t-il encore, chaque nouveau mémoire. Cette pensée l'obséda pendant trente ans et s'emparait souvent d'une manière irrésistible des facultés de son esprit. Enfin, en 1848, il fit un dernier effort, fixa ses incertitudes, arrêta une méthode et mit au jour le résultat de ses études sous le titre de :

Mémoire *sur la réforme de l'alphabet à l'exemple de celle des poids et mesures*. (32 pages. Paris, librairie Guillaumin, 1848.)

« Pourquoi, s'écrie-t-il en commençant son mémoire, lorsque le langage s'est constamment perfectionné, l'écriture qui fait franchir l'espace, qui sait braver le temps, qui grave la pensée, pourquoi l'écriture semble-t-elle devoir rester stationnaire ? »

Dans la pensée de Féline, la réponse à cette question n'était pas douteuse : il fallait porter l'esprit de progrès, qui règne partout, sur cette écriture à peu près immuable depuis des siècles et qui est essentiellement vicieuse. Fondée sur la représentation des sons par des signes conventionnels, elle devrait s'identifier avec la parole et la peindre exactement, tandis que l'on voit le même son reproduit par des signes différents (1) et des sons différents exprimés par les mêmes signes (2).

L'imperfection est saisissante! Le progrès à faire saute aux yeux : il faudrait un seul son pour chaque signe, un seul signe pour chaque son. Ce serait parfait. Mais, que la perfection paraît éloignée de nous et supérieure à nos efforts! Est-ce une raison, cependant, de renoncer à résoudre le problème? Non; l'homme moderne s'est attaqué à des difficultés bien autrement ardues, *audax Japeti genus!* Aussi Féline, encouragé par les prodiges réalisés de nos jours, armé de la forte conviction qui avait dominé toute sa jeunesse, a-t-il poussé théoriquement et pratiquement sa tentative de réforme de l'alphabet et de l'orthographe, plus loin qu'aucun de ses devanciers, en France.

Bien avant lui, un grand nombre de savants avaient signalé notre alphabet comme vicieux; M. Ambroise Didot, dans un livre plein d'érudition et d'observations, paru il y a une douzaine d'années, a fait le récit historique de leurs critiques et de leurs combinaisons. Parmi les réformateurs

---

(1) *Le son an est représenté par 43 signes ainsi qu'il suit :*

An: van, autan; *anc :* blanc; *ancs :* francs; *and :* grand; *ands :* brigands; *andt :* Rembrandt; *ang :* étang; *angs :* rangs; *ans :* sans; *ant :* gant; *ants :* chants; *ean :* Jean; *eant :* obligeant; *eants :* assiégeants; *uan :* quantième; *uand :* quand; *uant :* quant; *han :* Ispahan; *hans :* Louhans; *aen :* Caen; *aon :* Laon; *aons :* paons; *am :* ampoule; *amp :* champ; *amps :* camps; *ham :* hampe; *en :* rendre; *end :* prend; *ends :* tu rends; *ens :* encens; *ent :* dent; *ents :* éléments; *hen :* Henri; *em :* empire; *ems :* tems; *emps :* longtemps; *empt :* exempt; *empts :* exempts; *eng :* hareng; *engs :* harengs; *uen :* conséquence; *uent :* conséquent; *uents :* onguents.

(2) Le *t* conserve sa valeur dans pi*t*ié, ami*t*ié, moi*t*ié, et prend la valeur de l's dans ac*t*ion, fic*t*ion, édi*t*ion, conven*t*ion, etc.

modernes se trouvent deux personnages dont le nom a une grande autorité, MM. Volney et Destutt de Tracy. Ce sont les seuls dont Féline s'est occupé. Le premier se préoccupait seulement des avantages qu'une réforme apporterait à l'étude des langues de l'Asie ; le second ne visait que le monde scientifique et croyait devoir renoncer à toute application générale. Le résultat populaire et social d'une telle réforme échappait à tous deux. Féline est dans une voie toute différente. Ce sont les conséquences économiques et philanthropiques de la réforme qui le frappent et l'enflamment.

« L'alphabet est le premier instrument de tout progrès et de toute civilisation, s'écrie-t-il, et je viens proposer de l'améliorer. »

Les conséquences des vices de notre alphabet sont considérables, en effet :

1° Travail long et compliqué pour apprendre à lire puisque plusieurs lettres se prononcent de la même manière et que certaines lettres groupées d'une façon arbitraire produisent le même son ;

2° Travail encore plus long et plus compliqué pour apprendre à écrire, puisqu'il faut ajouter à la connaissance des lettres la prononciation et l'orthographe de chacun des mots de la langue ;

3° Double travail pour les étrangers qui pourraient savoir lire couramment notre langue et la comprendre en la lisant dans nos livres, et qui ne sauraient cependant ni la parler, ni la comprendre dans la conversation ; ils sont donc obligés d'apprendre à la fois notre langue écrite et notre langue parlée ;

4° Impossibilité de fixer, par des signes permanents et certains, plusieurs sons de la langue parlée ; la tradition est indispensable, ce qui rend la prononciation variable selon les provinces et la famille ;

5° Enfin, emploi, dans l'écriture, de beaucoup plus de signes qu'il n'en faudrait avec un alphabet rationnel, ce qui augmente dans la même proportion le temps et la dépense de tout ce qui s'écrit et de tout ce qui s'imprime.

Adrien Féline était de ces hommes pour qui les bonnes idées n'acquièrent leur pleine valeur que par leur réalisation; aussi, une fois ses incertitudes fixées, se mit-il à la besogne pour corriger les vices qui viennent d'être énumérés.

La première étude à faire était de reconnaître exactement tous les sons employés dans la langue française et de déterminer les signes par lesquels chacun de ces sons devra être représenté. Féline comprenait que cette étude et cette détermination manqueraient d'autorité si elles ne provenaient d'une commission formée de personnes compétentes et officielles. Il demandait donc au gouvernement de la constituer et d'en nommer les membres.

Mais en vain fit-il demande sur demande; à peine obtint-il l'attention du ministre qui renvoya le mémoire sur la réforme de l'alphabet à une commission instituée pour un autre objet et sans autorité dans la question spéciale. On était, cependant, aux premiers jours de la seconde République (1848) où l'instruction publique occupait beaucoup les esprits. A bout d'efforts et de démarches, Féline renonça au concours qu'il espérait obtenir de l'administration et prit la détermination de commencer seul. « Je me dis, comme Galilée : Et pourtant j'ai raison. Et je résolus d'essayer, ajoute-t-il, ce que pourrait un homme n'ayant pour lui que sa conviction. »

Alors il forma lui-même une commission officieuse composée de MM. Jomard, Mérimée, de Saulcy, membres de l'Institut, Dufau, directeur de l'Institution des jeunes aveugles, Delahaye, professeur, qui s'était occupé de la matière, et quelques autres personnes.

Cette commission jugea d'abord que, des six éléments

dont se compose la parole, savoir : les sons, les articulations, la durée, le ton, l'accent, le timbre, les deux premiers seulement entrent dans la constitution essentielle des mots que l'écriture doit représenter; en conséquence, elle décida qu'elle ne s'occuperait que de ces deux-là.

Nous ne suivrons ni la commission, ni Féline, dans les discussions qui servirent de base à l'alphabet auquel fut donné le nom d'*alphabet phonétique,* composé de vingt consonnes et de quinze voyelles. Il différait de notre alphabet seulement par une demi-douzaine environ de modifications : addition d'une nouvelle lettre, l'epsilon grec pour rendre le son *eu;* suppression du c dur, remplacé par k et du c sifflant remplacé par s ; valeur ch attribuée à l'h ; trait placé au-dessus de g pour figurer le gn, au dessous de *l* pour rendre le son dit mouillé et au-dessous de a, e, o, u, pour représenter les voyelles nasales, an, in, on, un.

En quelques minutes, toute personne sachant lire retiendra ces modifications et lira très couramment l'écriture phonétique et les livres imprimés avec le nouvel alphabet. L'expérience l'a prouvé surabondamment.

Féline s'attacha ensuite à définir exactement par des mots très usités, pris pour exemples, les sons qu'il attribuait définitivement aux trente-cinq signes de son alphabet.

En faisant ce travail, il comprit qu'il ne suffirait pas d'avoir créé un alphabet, et qu'il fallait le mettre à l'épreuve en l'appliquant à tous les mots de la langue sans exception. C'était un rude travail, mais nécessaire. Féline n'eut aucune hésitation, il fit fondre les caractères de son nouvel alphabet, composa et fit imprimer *un* DICTIONNAIRE *de la* PRONONCIATION *de la* LANGUE FRANÇAISE *indiquée au moyen de caractères* PHONÉTIQUES, *précédé d'un mémoire sur la réforme de l'alphabet.* (In-8°, 383 pages, Didot, Paris, 1851.)

Féline était assuré que par ce travail, qui embrassait la totalité des mots usuels de la langue, il rencontrerait tous les cas particuliers, toutes les difficultés auxquelles l'écriture phonétique d'un mot pourrait donner lieu ; rien ne pourrait lui échapper.

Jusqu'alors il n'était pas sorti du champ des études et des travaux de cabinet ; mais, une fois en possession de son dictionnaire, il ne songea plus qu'à entrer aux prises avec les hommes et à consacrer son temps et ses forces à la pratique vivante. A cet effet, il lui fallait joindre à l'alphabet et au dictionnaire les moyens de s'en servir, c'est-à-dire une méthode. Féline la composa et la fit imprimer sous le titre :

MÉTHODE *pour apprendre à lire dans le système phonétique. Première partie; lecture phonétique.* (30 pages, Paris, Didot, 1853.)

Déjà l'année précédente il avait publié :

Écriture phonétique. Tableau de lecture. (28 pages, Paris, Didot, 1852.)

Le titre de cette plaquette était en caractères phonétiques : *Ekritur fonetik, tablô de lektur.* Mais, depuis, il renonça au système de composer les titres de ses ouvrages phonétiques en caractères de son alphabet, afin de ne pas éloigner tout d'abord le public par une forme d'écriture étrange.

Un grand pas était fait ; une méthode d'enseignement était créée ; mais les professeurs ? où les trouver ? Féline, au début de son œuvre, ne pouvait s'attendre à recevoir le secours des instituteurs primaires sans une autorisation du ministre de l'instruction publique. Qu'espérer, à cette époque, d'un fonctionnaire qui, fût-il imbu d'idées nouvelles et favorable à l'esprit de réforme, se trouvait enlacé dans les liens de la routine universitaire, et avec lui, tous ses acolytes même les mieux disposés, fatalement agents et victimes d'une mutualité traditionnelle, cimentée par des siècles ?

Féline eut bientôt jugé qu'il perdrait son temps et sa verve à lutter contre une situation si fortement consolidée et il résolut la difficulté en se faisant lui-même professeur.

Tous ses amis et connaissances virent alors avec surprise celui qu'ils connaissaient en qualité d'homme du monde, celui qui aimait à se promener journellement à cheval ou en voiture au bois de Boulogne, ne plus occuper ses chevaux qu'à le transporter dans les casernes, à Reuilly, à Courbevoie, à Saint-Denis, et ailleurs pour y enseigner à lire aux soldats les plus illettrés. Il en avait reçu l'autorisation du ministre de la guerre, en mettant en campagne pour obtenir cette faveur les généraux, ses anciens amis et camarades dans l'armée.

Il fallait, cependant, motiver cette autorisation, et voici les motifs qu'il fit valoir.

Il expliquait que le soldat à qui l'on avait enseigné l'alphabet phonétique saurait lire tout aussitôt dans des livres imprimés avec cet alphabet, puisque chaque lettre représentant un son et chaque mot ne renfermant que les lettres nécessaires, le soldat n'aurait qu'à prononcer, à la suite les les unes des autres, toutes les lettres qu'il connaît déjà et il prononcerait le mot lui-même. Le fait était indubitable; il pouvait, d'ailleurs, se vérifier aisément et promptement, et fut admis d'emblée.

Féline affirma ensuite que le soldat sachant lire dans un livre imprimé phonétiquement prendrait naturellement du goût pour la lecture par la facilité qu'il trouverait à lire, et qu'il prendrait en peu de temps l'habitude de lire dans les livres ordinaires imprimés avec l'alphabet classique. Disons ici que Féline avait eu déjà une vérification de son assertion et des effets de sa méthode sur quelques enfants de ses parents et de ses amis; il pouvait donc prédire sans être trop sorcier que, en définitive, le soldat, fût-il affligé de l'intelligence la plus passive, apprendrait à lire l'écriture ordinaire de nos livres avec beaucoup moins de peine et beaucoup plus vite en passant par l'intermédiaire de la méthode phonétique, que s'il commençait directement par la méthode ordinaire avec l'alphabet actuel.

Le succès confirma la prévision, et alors quelques instituteurs primaires essayèrent aussi du nouveau système ; ils obtinrent les mêmes résultats (1).

L'application du système exigeait une collection de livres imprimés en caractères phonétiques. Féline se lança résolûment dans cette voie qui exigeait de nouvelles dépenses.

Il fit paraître coup sur coup :

Exercices de lecture phonétique. Aventures de Robinson Crusoë. (In-8°, 112 pages, Didot, 1854.)

Méthode pour apprendre à lire par le système phonétique. Seconde partie, passage de l'écriture phonétique à l'écriture usuelle. (In-8°, 180 pages, Paris, Didot, 1854.)

Cette seconde partie contient l'histoire de *Pierre Lavisé*.

Elle offre un intérêt capital pour le système et pour l'enseignement de la lecture. M. Ambroise Didot en fait à plusieurs reprises l'éloge dans son livre des observations sur l'orthographe.

L'histoire de Pierre Lavisé (ou Lavizé selon l'écriture phonétique) est un petit roman. Féline s'est fait romancier pour son œuvre, et romancier non sans valeur. Il fût devenu poète pour la cause, car les expressions poétiques coulaient à flots de ses lèvres lorsqu'il s'exaltait sur les bienfaits de la réforme. Pierre Lavisé est donc un roman ; il est dans le genre de ceux des moralistes sortis de l'école du Bonhomme

---

(1) La méthode phonétique pour l'enseignement primaire fut appliquée au 5e régiment de ligne, au 12e léger, au pénitencier de Saint-Germain, dans la maison de correction des jeunes détenus. Le ministre de la guerre ordonna d'employer cette méthode pour enseigner la langue française aux jeunes Arabes dans les trois écoles d'Alger, d'Oran et de Philippeville.

Richard. Mais ici le but est double : il ne s'agit pas seulement d'encourager à la lecture par l'intérêt du livre de morale, il faut aussi transformer le lecteur phonétique en lecteur ordinaire. Les premiers chapitres sont donc imprimés en caractères phonétiques et selon l'orthographe du système ; puis, dans un des chapitres suivants il y a suppression de l'un des signes phonétiques et son remplacement par le signe ou les signes de l'orthographe usuelle ; le chapitre suivant continue la substitution et un second signe phonétique est remplacé par les signes habituellement en usage ; et ainsi de suite, de sorte que, graduellement, l'orthographe et l'alphabet ordinaires reparaissent. Les derniers chapitres sont écrits entièrement avec l'alphabet et l'orthographe académiques. Les illettrés qui avaient appris à lire dans le système phonétique arrivent, sans s'en apercevoir en quelque sorte, par ces exercices habilement gradués et par l'intérêt du roman, à lire couramment dans l'écriture ordinaire et dans les livres de tout le monde.

Pour propager ses idées et ses méthodes autre part que dans les écoles, pour y intéresser les personnes de la société, Féline se mit à réunir dans son salon le groupe des amis qui suivaient avec une bienveillante attention sa tentative de réforme, et il invitait à ces réunions des hommes distingués de Paris, partisans du progrès, ainsi que des provinciaux et des étrangers de passage.

C'est en causant avec ces derniers qu'il lui vint à l'idée en 1857 de composer et de faire imprimer des *manuels* de prononciation française à l'usage des Anglais et des Allemands. Ces manuels contenaient, selon l'usage de ces sortes de guides, les mots, les expressions et les phrases les plus usuelles dont les voyageurs étrangers ont besoin dans leurs courses et dans les hôtels. On compte près de trois cents pages dans chacun de ces livres.

Une colonne est en anglais dans l'un ; en allemand, dans

l'autre. La seconde colonne en est la traduction française imprimée en caractères ordinaires avec l'orthographe usitée. La troisième colonne contient cette même traduction écrite phonétiquement. Une introduction placée en tête du Manuel permet aux étrangers d'apprendre en quelques minutes la valeur des signes phonétiques; ils n'ont plus alors qu'à prononcer les sons des lettres qu'ils lisent dans la troisième colonne et ils prononcent les mots et les phrases de la seconde colonne comme les Français les prononceraient. Ils prononceront, par exemple, le second *t* du mot *station* comme une *s*, tandis que s'ils lui donnaient le son du *t* en parlant au cocher qui les conduit, ils ne seraient pas compris.

Féline était dans le vrai en composant ces manuels pour les étrangers. Il ignora longtemps que, dès 1855, un Allemand avait appliqué son système. Ce fut en 1859 seulement qu'il l'apprit en voyant arriver, de Saxe, au libraire chargé de ses livres, une lettre d'un professeur de langues, M. Booch-Arkossy, qui, depuis quatre ans, employait l'alphabet et l'orthographe phonétiques, dans l'enseignement du français à ses compatriotes. Ce professeur déclarait que le succès inouï de ce procédé avait décidé plusieurs maîtres de langues à en faire usage dans leurs institutions. Il ajoutait que cette méthode était la méthode par excellence pour s'approprier en peu de temps une bonne prononciation française, qu'elle était avant tout pratique, bien que ne manquant point de caractère scientifique et d'unité philosophique, qu'il ne croyait pas possible d'en trouver une meilleure, plus simplifiée, plus rationnelle. Et, pour prouver que son approbation de cette belle invention n'était pas seulement en paroles, il annonçait que, après l'avoir appliquée dans l'instruction publique orale, il l'avait introduite aussi dans la nouvelle édition de sa grammaire française à l'usage des Allemands et qu'il avait obtenu les résultats les plus encourageants.

L'année suivante, Féline reçut le livre de M. Arkossy, où les règles de son orthographe occupent les seize premières pages. En outre, tous les exemples et tous les morceaux choisis en français qui font le sujet des leçons du professeur sont écrits à la fois selon l'orthographe régulière avec les caractères de notre alphabet usuel et selon l'orthographe du Dictionnaire de Féline avec les caractères de son alphabet phonétique, afin que les élèves allemands puissent apprendre la bonne prononciation française.

On conçoit aisément combien Féline fut heureux de cette remarquable application de son système.

On trouvera la plus grande partie de la lettre de M. Arkossy dans la *Tribune des linguistes* (livraison du 1ᵉʳ septembre 1859), recueil fondé par M. Casimir Henricy, un autre réformateur de l'orthographe et secrétaire général d'une Société internationale de linguistique dont Féline fut l'un des vice-présidents.

Casimir Henricy reconnaît avec franchise, dans son recueil, « que les ouvrages de Féline sont véritablement dignes d'une haute estime et que l'on peut obtenir d'excellents et de très prompts résultats par l'application de son système phonétique, quoique celui-ci, ajoute-t-il, ne doive être considéré, et ne soit considéré par son auteur lui-même, que comme une méthode *transitoire*. »

Nous ne savons pas si Adrien Féline ratifiait complètement ces derniers mots de M. Casimir Henricy, mais il admettait qu'il y avait quelques modifications à introduire.

Toujours préoccupé de l'instruction primaire, Féline perfectionnait sans cesse son enseignement de la lecture. Il composa seize tableaux pour enseigner par la méthode simultanée; puis, un tableau des conjugaisons des verbes; enfin des jeux de cartes pour apprendre à lire sans épellation.

Il raconte à ce sujet qu'il a étudié les méthodes employées

avant lui et qu'il s'est efforcé de leur prendre ce qu'elles contenaient de meilleur pour en former un ensemble. Ainsi, dit-il, j'ai pris aux jésuites « l'usage de faire lire les élèves dans une écriture dont toutes les lettres se prononcent : ils leur faisaient lire du latin ; je leur fais lire du français en écriture phonétique. J'ai emprunté à M. Peigné le système d'ajourner les difficultés. — J'ai emprunté à Mme Mérigot son excellente méthode, dite synthétique, de faire lire des phrases avant de parler de lettres ; à M. Jacotot, de faire répéter la même phrase, de la faire travailler, composer et recomposer jusqu'à ce qu'elle soit devenue un type pour lever toutes les difficultés ; enfin, à Frœbel, d'intéresser l'activité et l'intelligence des enfants en leur donnant un rôle actif au lieu du rôle passif auquel on les condamne ordinairement. J'occupe leurs doigts et leur imagination, et je transforme en jeux les deux tiers de la leçon. »

Le dernier ouvrage pédagogique de Féline fut un petit volume d'*Exercices de lecture phonétique pour le premier âge*, consistant en *conversations d'une petite fille avec sa maman* (in-18, 106 pages, Bourgeois, libraire, 1860). Ce livre lui fut inspiré par le charmant babil de cette fille de son frère si prématurément enlevée à l'affection de ses parents. Elle avait appris, ainsi que ses contemporaines dans la famille, à lire d'après la méthode phonétique ; ces enfants donnèrent le remarquable exemple d'un fait général que Féline aimait à répéter et que voici : « Les élèves, qui ont appris à lire avec le système et l'écriture phonétiques, n'éprouvent pas plus de difficultés que les autres à savoir l'orthographe ; l'expérience a montré qu'ils ne tardent pas à oublier l'orthographe phonétique dès qu'ils ont lu pendant quelque temps dans l'écriture usuelle. »

« L'orthographe académique, disait Féline, ne peut ensuite bien s'acquérir que par la lecture. » Les diverses combinaisons de cette orthographe, à force d'être reproduites devant les yeux du lecteur, s'emparent de la mémoire de l'œil comme elles s'emparent de celle de la main lorsqu'on écrit. On sait, en effet, que, lorsqu'on nous demande l'orthographe d'un mot, nous sommes parfois obligés de consulter ou notre main en l'écrivant, ou notre œil en le lisant, et c'est justice qu'une chose aussi illogique que notre orthographe soit bannie de notre intelligence et reléguée dans nos habitudes. »

Féline ne manquait jamais les occasions de lancer quelques boutades contre l'orthographe.

————

Quelques années après la mort d'Adrien Féline, M. Ambroise Firmin-Didot a publié un beau livre qui fit sensation et où, après avoir consigné ses *observations personnelles sur l'orthographe*, il fait l'histoire des réformateurs de l'orthographe française depuis le xv° siècle jusqu'à nos jours. Il consacre plusieurs pages aux travaux de Féline et les juge avec l'autorité que lui donnaient son nom, sa profession et ses longues études. Nous devons à la mémoire de notre ami de consigner ici quelques passages du jugement d'un homme aussi considérable que M. Ambroise Firmin-Didot et aussi compétent sur la matière. Nos lecteurs penseront certainement, comme nous, que les observations critiques de ce maître augmentent le prix de ses éloges.

« Féline, l'un des plus persévérants et des plus courageux apôtres du système phonétique, a consacré une part considérable de son temps et de sa fortune à la vulgarisation de sa doctrine, et n'a pas assez vécu pour la voir fructifier sur le sol de notre colonie algérienne... Son alphabet qu'il a cru complet suffit, dans sa simplicité, à l'enseignement rapide de la lecture aux habitants pauvres et complètement illettrés de nos campagnes, ainsi qu'aux Arabes... Il a droit à la reconnaissance des gens de bien qui s'intéressent au sort de nos populations rurales, au point de vue intellectuel, car la pratique a parfaitement démontré l'utilité de sa méthode... Quoi qu'il en soit des imperfections qu'elle présente, beaucoup d'instituteurs primaires sont convaincus que son adoption dans les salles d'asile et dans les écoles de village serait un grand bienfait... Un adolescent apprendrait à lire et à écrire en trois mois au lieu de trois ans. Il serait toujours à même de passer plus tard à l'écriture savante et difficile des lettrés, pour laquelle l'auteur a, d'ailleurs, préparé des exercices gradués très-bien conçus.

« Le *Dictionnaire de la prononciation*, précieux déjà pour les étrangers, rendrait, à l'aide de quelques corrections, de grands services (1). On le perfectionnerait en s'inspirant du beau travail de M. Volney sur les voyelles européennes... M. Féline a négligé certaines nuances de prononciation qui constituent la délicatesse de notre langue.

« Le mémoire qui précède le Dictionnaire et qui relate les travaux d'une commission de savants formée pour déterminer la valeur et le signe de tous nos sons est un travail plein d'intérêt. »

On remarquera que M. Didot insiste à plusieurs reprises sur l'utilité pratique du système phonétique d'Adrien Féline. Ce fut, en effet, dans tout le cours de sa vie, la préoccupation constante de notre ami que celle d'être utile, d'écarter les rêveries, d'obéir à la raison, de viser au bien des masses sous tous les points de vue. Dans ses travaux sur la réforme

---

(1) Nous pouvons citer à l'appui de cette affirmation le témoignage de M. Thurot, maître de conférences à l'École normale. Il a indiqué ce dictionnaire à des étrangers qui s'en servaient avec succès.

de l'alphabet, ce furent leurs conséquences pratiques qui l'entraînèrent à tant d'efforts et de dépenses. Il s'exaltait en voyant que la correction des vices de notre alphabet et la simplicité de la nouvelle orthographe supprimaient la principale difficulté de l'enseignement primaire et abrégeait considérablement la durée du temps que l'on demande aux familles pauvres pour instruire leurs enfants. Ses passions patriotiques acceptaient avec bonheur l'espérance de faire prévaloir de plus en plus la langue française à l'étranger en rendant l'étude plus facile, moins rebutante et plus fructueuse. Il voyait aussi l'uniformité de prononciation et de langage contribuer à un plus intime rapprochement entre les provinces françaises encore soumises à des patois traditionnels, incompréhensibles hors de leurs limites respectives. Enfin, un autre résultat de son système et celui peut-être qui le satisfaisait le plus au point de vue matériel, vu ses goûts bien prononcés d'économie publique et privée, c'était la réduction de dépenses, de temps, de travail que ce système apportait dans les travaux d'impressions et d'écriture.

Il avait reconnu que cette réduction était comprise entre le tiers et le quart. Or, si l'on applique cette économie, au papier et à la main-d'œuvre nécessaires pour tout ce qui s'écrit et pour tout ce qui s'imprime en France, on la chiffrera aisément à plusieurs centaines de millions par chaque année.

Les réunions d'amis chez Féline ne furent pas sans porter quelques fruits.

Plusieurs personnes acceptèrent l'idée de commencer elles-mêmes, avec lui, la réforme orthographique dans leur correspondance, mais par un tout petit côté. Toutefois, ne voulant pas que les lettrés, entre les mains de qui leur correspondance ne manquerait pas de tomber un jour ou l'autre, pussent les accuser d'ignorer l'orthographe, Féline fit imprimer à leur usage des cahiers de papier à lettre, portant à la marge une indication de leur but, ainsi que des modifications, d'abord tout à fait bénignes, par lesquelles le groupe d'amis se proposait de préluder à des réformes plus radicales ajournées à des époques ultérieures.

Nous pensons qu'on ne lira pas cette indication sans intérêt; la voici, rédigée, autant qu'il nous souvient, par M. Jules Delbruck si connu par ses travaux pédagogiques destinés surtout à donner aux jeunes enfants une instruction solide et sérieuse sous des formes attrayantes :

SOCIÉTÉ LINGUISTIQUE

CONTINUATION DE LA RÉFORME ORTHOGRAPHIQUE COMMENCÉE PAR

BUFFIER, DUMARSAIS, DUCLOS, CONDILLAC, BEAUZÉE, WAILLY, VOLTAIRE, ETC.

APRÈS AVOIR ÉCRIT

phantosme, throsne, asyle, deffendre,

ON EST ARRIVÉ A ÉCRIRE

fantôme, trône, asile, défendre

EXTENSION DE CETTE RÉFORME

1° Remplacer ph par f, et th par t : filosofe, ortografe, téâtre;

2° Substituer l'i à l'y entre deux consonnes : martir, mistère;

3° Ne pas doubler la consonne à moins d'y être contraint par la prononciation : comunion, tranquilité, hirondèle.

Pendant plusieurs années Féline et son groupe d'amis se servirent de ce papier à lettres qui proclamait à la fois l'ambition lointaine d'une réforme plus radicale de l'orthographe et la prudence patiente du réformateur. Si Féline eût vécu, ce groupe d'amis eût sans nul doute continué et développé ce commencement de réforme orthographique ; *mais c'était lui* l'âme de ce progrès et le lien commun. Lui parti, tout s'est brisé. Féline est mort en 1863, le 8 février, après une longue et douloureuse maladie. Nous avons trouvé une notice nécrologique dans la *Presse scientifique* due à Jacques Barral, directeur de cette revue, et une autre dans l'*Opinion nationale*, due au rédacteur en chef de ce journal, M. Adolphe Guéroult.

Nous les citerons presque en entier avec d'autant plus d'empressement que nous avons pu connaître d'une manière certaine la grande estime que ces deux publicistes portaient au caractère et aux travaux d'Adrien Féline.

M. Féline avait eu des rapports avec M. Barral, principalement à l'occasion de sujets scientifiques sur lesquels il se sentait moins compétent que sur les questions économiques et politiques qui l'avaient mis en relation avec M. Adolphe Guéroult. De là, quelques différences d'appréciation dans les deux notices : caractère timide et réservé dans la première, ardeur qui ne connaît pas d'obstacles dans la seconde.

Extraits de la notice de M. J.-A. BARRAL, *Presse scientifique des Deux Mondes*, année 1863, page 242.

« M. Adrien-Benjamin Féline, décédé dans sa soixante-dixième année, était un ami éclairé des sciences et de toutes les idées nouvelles. Il n'a jamais hésité à consacrer une partie de la grande fortune qu'il lui avait été donné d'administrer à des œuvres ayant pour but l'élévation des classes populaires et la propagation des connaissances scientifiques et philosophiques dans tous les rangs de la société...

« Ami de M. de Tracy, de Perdonnet et de quelques autres des anciens élèves de la grande École polytechnique, dévoués au bien public, il fut avec eux fondateur de l'Association polytechnique qui s'est consacrée avec tant de succès à l'instruction des ouvriers.

« Il prit part plus tard à la création de la *Presse scientifique* dont il fut élu vice-président. Ses collègues savent avec quel esprit libéral il abordait toutes les discussions, ne cherchant jamais que le triomphe de la vérité et la disparition des préjugés qui empêchent de résoudre tant de problèmes...

« Par-dessus toutes choses, absolument libéral, ami de la droiture et de l'honnêteté, mais timide et réservé, Féline laissera le souvenir d'un homme qui ne demandait qu'un milieu plus favorable pour s'épancher et pour produire autant qu'il le désirait et qu'il était dans sa forte nature de donner; mais il se retirait en lui-même, parce qu'il ne rencontrait trop souvent qu'indifférence et légèreté là où il eût voulu trouver de fortes convictions et du dévouement aux grandes idées. Lorsque la mort est venue le surprendre, il s'occupait de nouvelles fondations utiles. Ainsi qu'il arrive pour presque tous les hommes, il n'a pu faire tout ce qu'il eût voulu; mais il a assez fait pour que sa mémoire soit conservée. »

Extraits de la notice de M. Adolphe Guéroult, *Opinion nationale* du 7 mars 1863.

« Un homme de bien, aimé et estimé de tous ceux qui l'ont connu, vient de mourir il y a quelques semaines. M. Adrien Féline, entré à l'École polytechnique en 1813, prit part en 1814 avec ses héroïques camarades à la défense de Paris... Ramenés en désordre par les uhlans jusqu'à la barrière, on vit alors Féline avec une soixantaine d'élèves, charger à pied, le briquet à la main, cette cavalerie armée de lances qui venait de leur infliger un échec.

« Cette ardeur qui ne connaît pas d'obstacles était un des traits saillants du caractère de l'homme.

« L'activité de son esprit s'était portée de bonne heure vers les idées libérales; il publia plusieurs brochures remarquables sur la loi du recrutement et sur plusieurs questions d'art militaire et d'économie sociale.

« Après la révolution de Juillet au succès de laquelle il contribua de tous les moyens, la crainte de voir la France envahie de nouveau lui fit reprendre du service... Après 1832, il rentra dans la vie civile et tourna vers l'industrie et les sciences l'activité de son intelligence...

« Toutes les idées généreuses avaient accès dans son âme. Il rêvait l'union des peuples, l'usage d'une seule langue pour le monde savant, et il travailla longtemps à la réforme de l'orthographe, réforme qu'il considérait comme un puissant moyen de faire pénétrer plus facilement dans les classes laborieuses les connaissances qui élèvent et améliorent.

« Il laisse différents ouvrages... mais ce qui nous rend surtout sa mémoire chère et précieuse, c'était une droiture et une chaleur de cœur, une générosité innée, une bonté simple et sans ostentation, une affinité naturelle pour tout ce qui était noble et élevé, qui faisaient essentiellement de M. Adrien Féline le type accompli de l'homme de bien et du galant homme. Il laisse à sa famille et à ses nombreux amis un vide irréparable et de profonds regrets. »

En terminant cette notice, le soussigné s'unit, sans réserve, aux sentiments chaleureusement exprimés par feu son beau-frère et ami, M. Adolphe Guéroult.

P. EURYALE CAZEAUX,

Ancien Élève de l'École polytechnique, ancien Ingénieur hydrographe, ancien Conservateur du dépôt général des cartes et plans de la marine, Inspecteur général de l'Agriculture en retraite.

Paris. — Typ. G. Chamerot, 19, rue des Saints-Pères. — 8082.

www.ingramcontent.com/pod-product-compliance
Lightning Source LLC
Chambersburg PA
CBHW070705050426
42451CB00008B/510